YOGA para NIÑOS

ASANAS DE ANIMALES FELICES

Leila Kadri Oostendorp

Ilustraciones de
Elsa Mroziewicz Bahia

¡NAMASTÉ, NIÑOS!

NAMASTÉ es nuestra forma de saludar y despedirnos al practicar yoga. Para hacerlo, solo debes juntar las palmas de las manos, colocarlas delante del pecho y subirlas hasta la altura de la frente al tiempo que inclinas ligeramente la cabeza.

Namasté significa «lo sagrado que hay en mí saluda a lo sagrado que hay en ti».

Siempre que saludes a alguien, siéntete agradecido por todo lo que eres y todo lo que tienes.

¡ES FANTÁSTICO QUE TE HAYAS ANIMADO A PRACTICAR YOGA!

¡El yoga es una manera muy divertida de estar en forma! No es preciso que todo salga perfecto. Puedes hacer los ejercicios que quieras siempre y cuando disfrutes con ellos. Ya verás que, con la práctica, incluso las asanas (las posturas del cuerpo) más difíciles te costarán cada vez menos. Eso sí, es importante que dejes de practicar si notas que algo te duele al hacer los movimientos. El yoga consiste principalmente en centrar la atención en ti mismo: así aprendes a trabajar la actitud para poder aceptarte y amarte por completo.

Este libro te enseña algunos ejercicios increíbles. En primer lugar, dedica un rato a observar los dibujos, y después, despacito y con cuidado, ve siguiendo las instrucciones. De este modo te sentirás cómodo y seguro en cada postura. No olvides hacer los ejercicios con ambos lados del cuerpo y, sobre todo, ¡respira siempre por la nariz!

Procura ser consciente de la respiración en todo momento, en especial cuando sientas cansancio o tensión. Inspira y espira por la nariz con suavidad, de forma pausada y regular. Respirar así mientras haces las posturas de yoga te ayudará a relajarte y calmarte.

Cuando lleves un tiempo practicando comprobarás que te sientes mucho mejor, con más equilibrio y serenidad.

¡El yoga es un regalo que te haces a ti mismo!
¡Disfruta de cada instante de tu práctica!
¡Espero que te diviertas mucho con estos ejercicios!
Un abrazo,
Leila

वृक्षासन
Vrikshasana

EL ÁRBOL

EL ÁRBOL DE LA MEDITACIÓN

Imagina que eres un árbol fuerte y robusto. Deja que te crezcan raíces en los pies y penetren muy hondo en la tierra. Por otro lado, tus fuertes ramas se extienden buscando el sol y están llenas de hojas. ¡Estás firmemente arraigado en el suelo y nadie puede moverte!

BENEFICIOS: *Fortalece los músculos de la espalda, las piernas y los pies. Corrige la postura. Favorece el equilibrio, la concentración y la confianza. Al potenciar la estabilidad y la uniformidad, ayuda a desarrollar la sensación de seguridad y armonía.*

¡ASÍ ES COMO SE HACE!

1. De pie, ponte bien derecho y deja que los brazos cuelguen relajadamente a ambos lados del cuerpo. Asegúrate de que el peso del cuerpo se reparta sobre los dos pies por igual. Separa las piernas de forma que queden en línea con los hombros. Presta atención a los músculos del abdomen y de la espalda. Toma aire profundamente por la nariz y luego suéltalo lentamente también por la nariz. ¡Ahora estás haciendo la POSTURA DE LA MONTAÑA (TADASANA)!

2. Lleva el peso del cuerpo a la pierna izquierda y relaja la derecha. Levanta la rodilla derecha y apoya la planta del pie en la pierna izquierda. Según donde apoyes el pie (en el muslo, la pantorrilla o el tobillo, pues es mejor no apoyarlo directamente en la rodilla) serás un árbol grande, mediano o pequeño.

3. Cuando consigas mantenerte firme y estable sobre la pierna izquierda, levanta tus ramas y tus hojas (los brazos) hacia el cielo y junta las palmas de las manos sobre la cabeza. Sigue respirando lenta y suavemente por la nariz y... ¡disfruta de los rayos de sol!

4. Mantén esta postura todo el rato que puedas y te apetezca. Después realiza los mismos pasos con la pierna derecha.

5. Para terminar, vuelve a la POSTURA DE LA MONTAÑA y céntrate en la cálida y agradable sensación que te recorre las piernas.

CONSEJO: *Fija la mirada en algún punto que esté justo frente a ti. Esto te ayudará a mantener el equilibrio.*

मंडूकासन

Mandukasana

LA RANA

RESPIRAR como una simpática **RANA** es algo que puedes hacer en cualquier momento: si estás cansado, te da energía para todo el día, y si te sientes inquieto o nervioso, puede ser de gran ayuda para relajarte.

BENEFICIOS: *Esta asana es adecuada tanto para niños que suelen estar cansados como para los que son especialmente activos. Mover el cuerpo de forma coordinada con los ejercicios de respiración es una actividad que relaja y vigoriza al mismo tiempo. Activar la respiración proporciona a los niños la energía que necesitan para afrontar los retos del día. Y la postura de la rana es particularmente recomendable para niños muy movidos porque contribuye a aplacar su energía y hace que se muestren más receptivos a las técnicas de relajación.*

Fortalece la parte superior e inferior del muslo, los pies, los tobillos y las muñecas. También desarrolla la flexibilidad de las caderas.

¡ASÍ ES COMO SE HACE!

1 Ponte de pie, firme como una **MONTAÑA (TADASANA)**. Siente cómo el aire que respiras recorre todo tu cuerpo.

2 Tomando aire, levanta los brazos por encima de la cabeza.

3 Mientras sueltas el aire, dobla el tronco llevándolo hacia las piernas y deja que los brazos y la cabeza cuelguen relajadamente apuntando hacia el suelo.

4 Mientras inspiras, dobla levemente las rodillas y apoya las manos en el suelo.

5 Espirando, agáchate, ponte en cuclillas, coloca las manos entre las piernas y, sin separarlas del suelo, abre los dedos en abanico. Levanta la cabeza y mira hacia el frente. ¡Imagínate que eres una vivaz rana verde!

6 Inspira de nuevo, mientras tensas las piernas y los pies. Entonces, al soltar el aire, salta estirando los brazos hacia arriba y suelta un sonoro «¡croac!».

7 Inspira nuevamente mientras vuelves a ponerte en cuclillas apoyando las manos en el suelo, entre las piernas y con los dedos extendidos. Una vez en esta postura, espira lentamente.

8 Respira unas cuantas veces más y prepárate para el siguiente salto... ¡Allá vamos! «¡Croac!»

9 Cuando estés listo para terminar el ejercicio, vuelve a la POSTURA DE LA MONTAÑA. Junta las palmas de las manos y mantenlas a unos centímetros de distancia del cuerpo. NAMASTÉ. Siente cómo el aire entra y sale por la nariz. ¡Puedes conseguir todo lo que te propongas!

CONSEJOS PARA PADRES CON HIJOS ESPECIALMENTE ACTIVOS:
Un ligero masaje relajante por la noche, justo antes de dormir, puede hacer maravillas. A los niños les encanta que les masajeen la espalda, la cabeza, los pies y las manos. Los niños particularmente enérgicos son muy sensibles a los colores: los tonos pastel, como azules, verdes, amarillos y naranja claros, pueden contribuir a calmar su sistema nervioso. Es mejor evitar colores oscuros como el gris, el negro o el marrón.

चक्रवाकासन
Chakravakasana

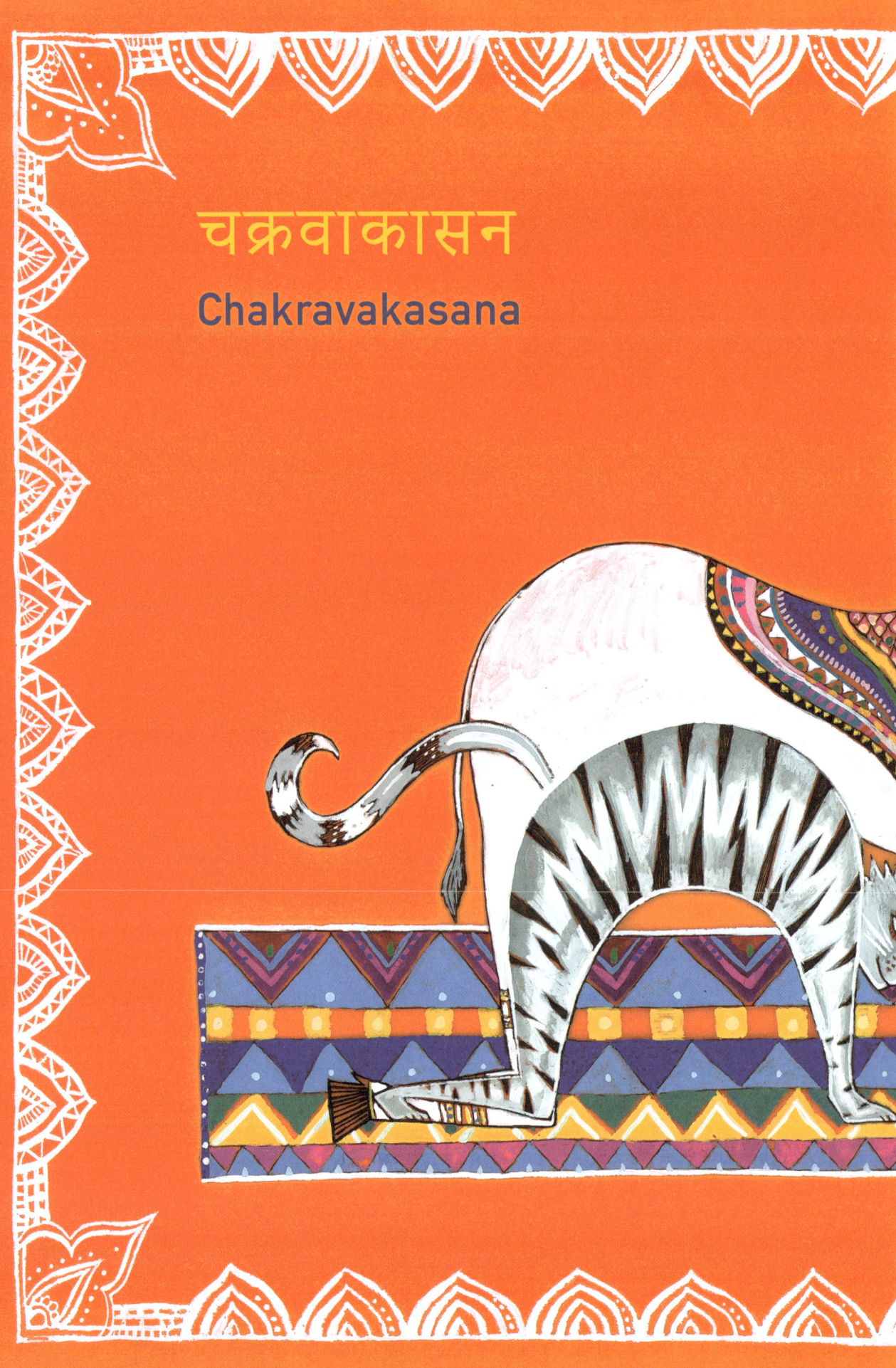

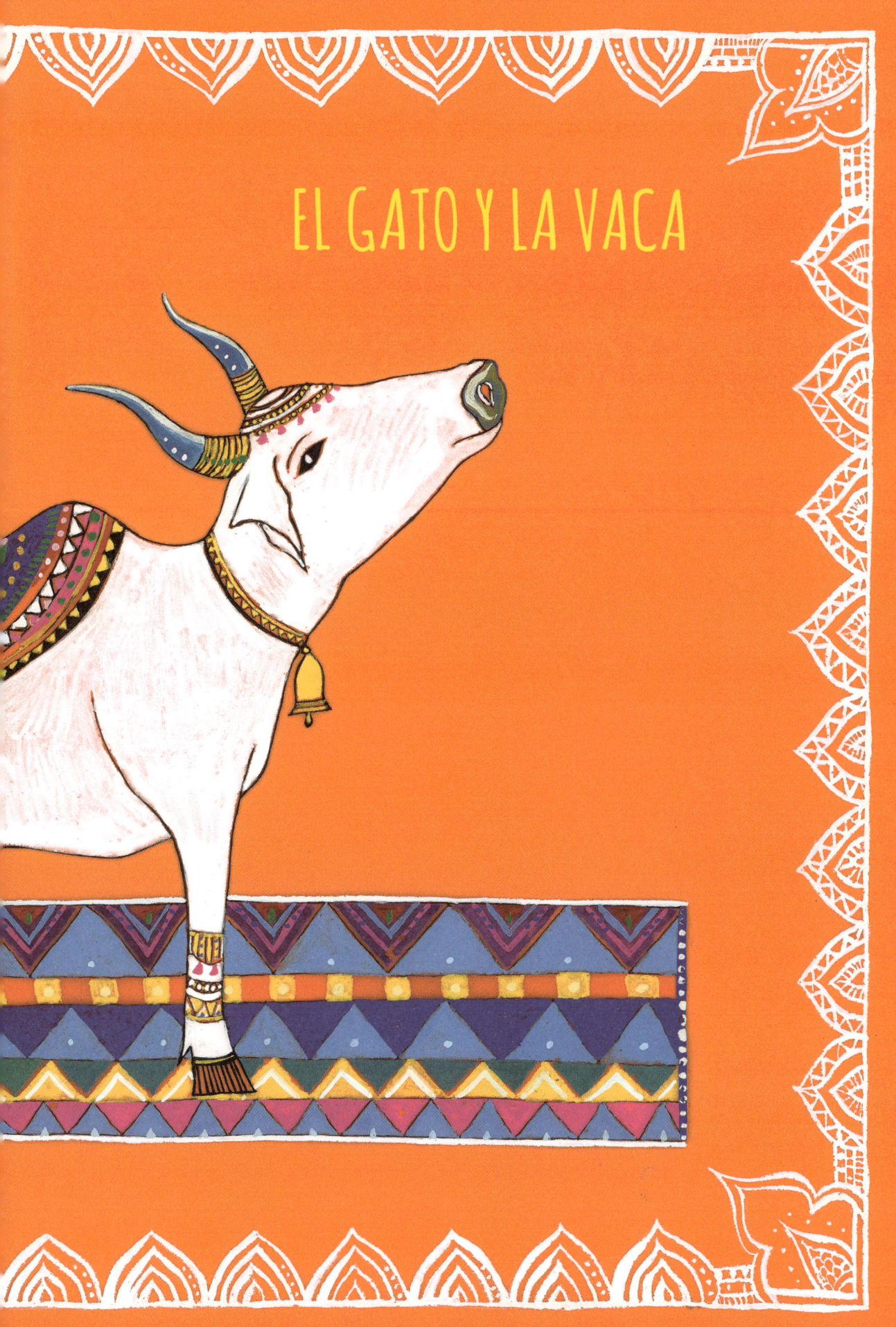

¡Miau! ¡Muuu! ¡Ahora puedes maullar y mugir tan alto como quieras! EL GATO y la VACA le devolverán la energía a tu fatigada espalda. Estas posturas pueden ser muy beneficiosas si las practicas al levantarte por la mañana o después de un largo día en el colegio, y además te ayudan a estirar la columna vertebral. Así puedes respirar con mayor facilidad y sentirte revitalizado.

BENEFICIOS: *Lo mejor es hacer las posturas del gato y la vaca seguidas. Estas dos asanas fortalecen y estiran la columna mientras jugamos y nos divertimos. La espalda se vuelve más fuerte y flexible, lo que contribuye a despertar y reactivar todo el organismo.*

¡ASÍ ES COMO SE HACE!

1. Para empezar, ponte A CUATRO PATAS como un GATO: con las palmas de las manos y las rodillas apoyadas en el suelo. Las zarpas delanteras (las manos), con los dedos bien abiertos, tienen que quedar debajo de los hombros, y las patas traseras (las rodillas), debajo de las caderas. Estira bien la columna, apoya los pies de forma que los dedos apunten hacia atrás y dirige la mirada hacia abajo, hacia el suelo. Imagina que eres un lindo gatito que está muy tranquilo y relajado.

2 Al espirar, arquea la espalda como un gato. Al mismo tiempo, deja que la cabeza se hunda entre los brazos, lleva la barbilla hacia el pecho, apunta con la cola (con el trasero) hacia el suelo y mete ligeramente la parte baja de la barriga como si quisieras llevarla hacia el ombligo.

3 Inspira y espira lenta y profundamente, y después vuelve a la posición inicial relajando y estirando la espalda.

4 ¡Ahora le toca a la VACA! Mientras tomas aire, baja suavemente la barriga acercándola al suelo. Al mismo tiempo levanta la cabeza llevándola hacia el cuello y apunta con la cola (con el trasero) hacia el cielo. Ahora la parte frontal del cuello y la barriga están bien estiradas, ¡y pareces una alegre vaca sobre sus cuatro patas!

5 Suelta el aire lenta y profundamente, y vuelve a estirar y relajar la espalda.

6 Repite estas asanas todas las veces que te apetezca. Cuando estés listo para terminar, espira poco a poco y adopta la POSTURA DEL NIÑO (BALASANA). Para ello, siéntate sobre los talones y lleva el tronco hacia el suelo. Al mismo tiempo, intenta apoyar la frente en el suelo sin apartar las nalgas de los pies. Los dedos de los pies se tocan, pero los tobillos están separados. Extiende los brazos a lo largo del cuerpo con las palmas hacia arriba. Deja que la respiración fluya de forma continua y uniforme y que el cuerpo descanse.

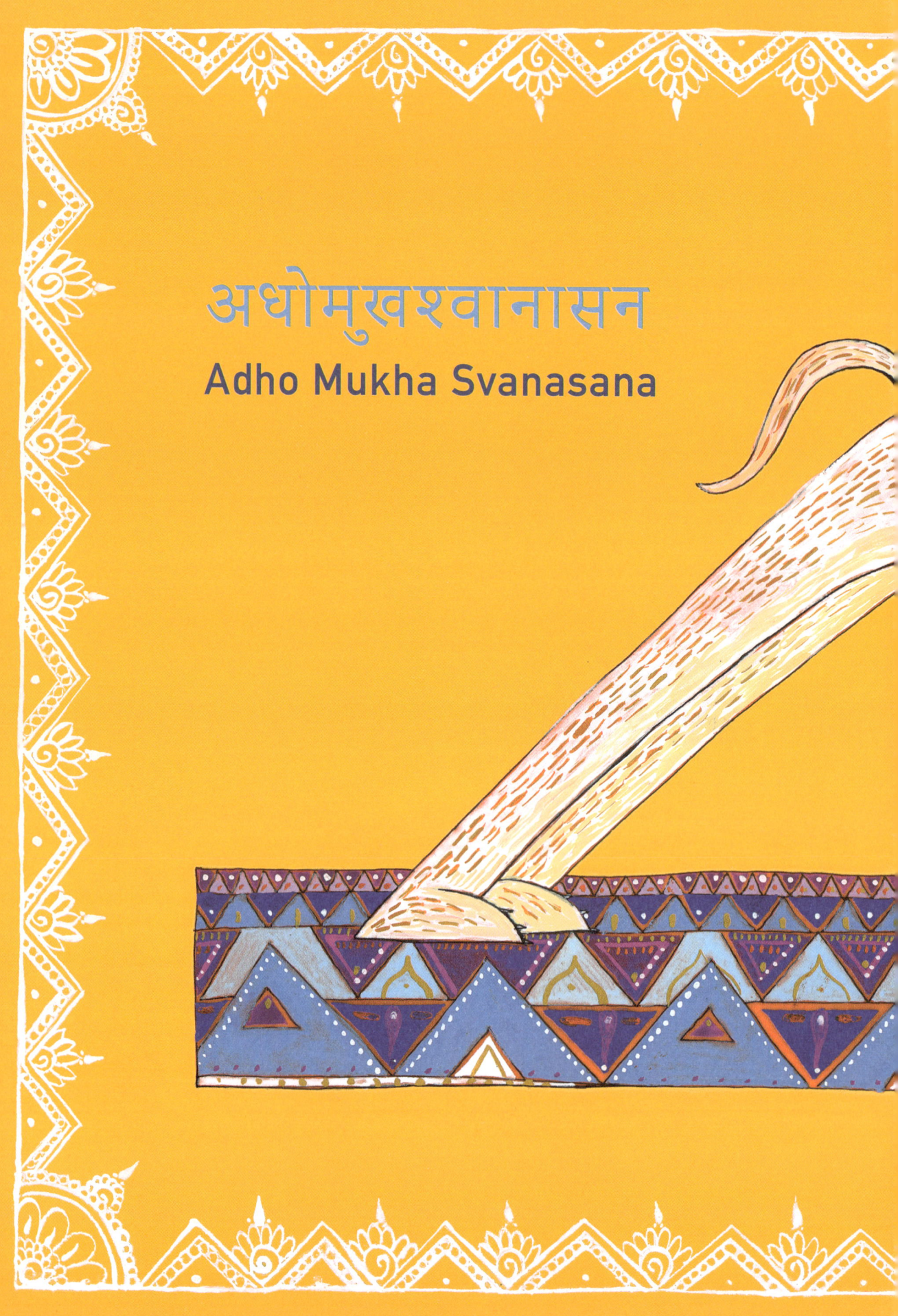

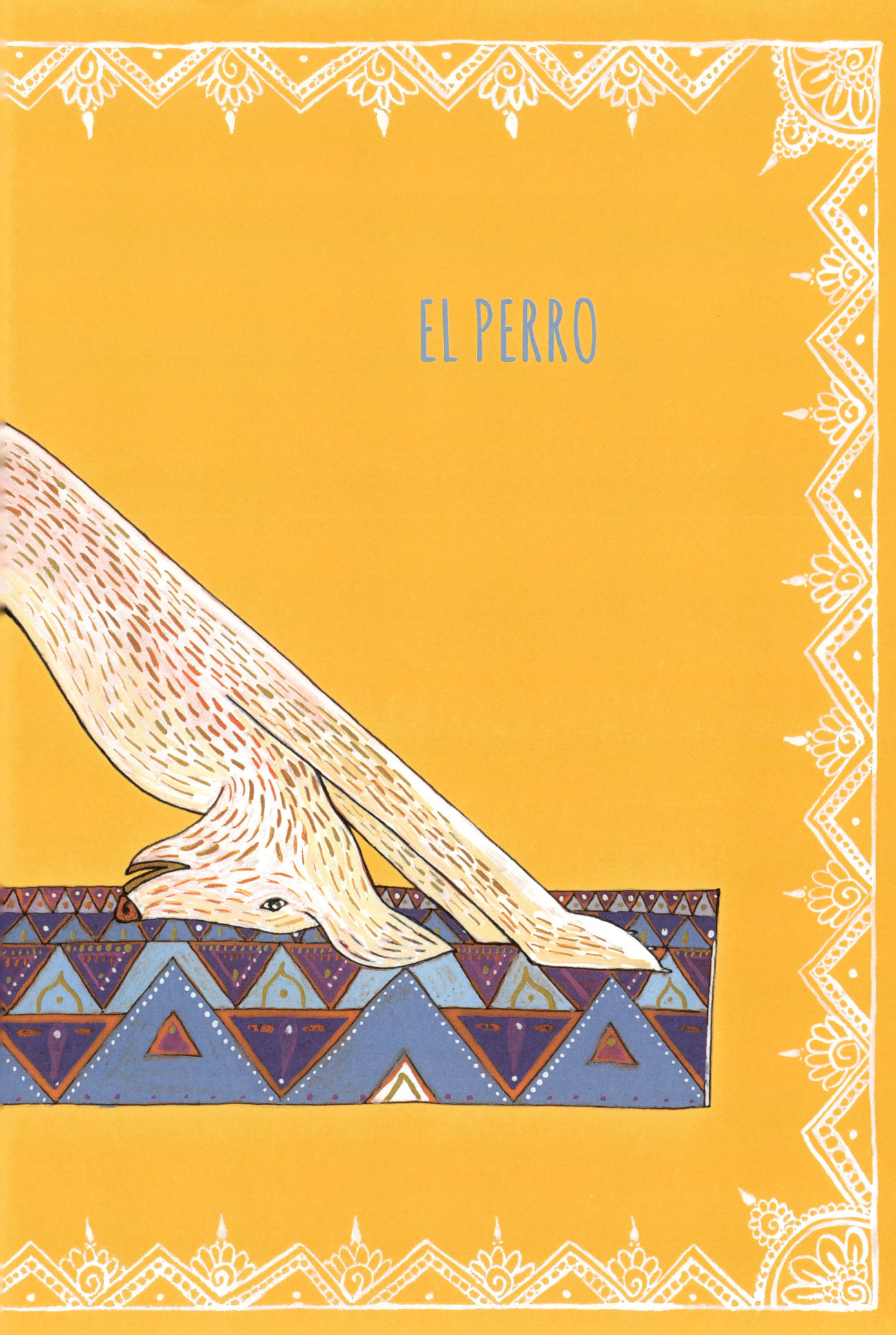

Siempre se ha dicho que EL PERRO es el mejor amigo del hombre, ¡y es así muy especialmente en el caso de los niños! No hay nada más agradable que pasear al aire libre con nuestra mascota, o acurrucarnos con nuestro fiel compañero. También hacer yoga como si fuésemos un perro es muy divertido.

¡Puedes mover la cola de pura alegría, o levantar la patita para hacer pis!

BENEFICIOS: *Un ejercicio calmante y vigorizante. Fortalece las piernas, los brazos, la zona abdominal, los tobillos y las muñecas. Además, ¡a los niños siempre los hace reír!*

¡ASÍ ES COMO SE HACE!

1. Comienza poniéndote A CUATRO PATAS.

2. Espirando, estira las piernas y levanta la cola (el trasero) hacia el cielo. Ahora puedes decir: «¡Soy tan simpático como un perro!». Los brazos y las piernas tienen que quedar completamente rectos. Ve relajando lentamente los tobillos y bajándolos al suelo al tiempo que estiras la cabeza entre los brazos procurando que quede alineada con la columna. Cada vez que sueltes el aire, deja que la columna baje un poquito más. Separa bien los dedos para que no quede ningún recoveco entre tus manos y el suelo en el que pueda agazaparse algún temor. Cuando te sientas firmemente apoyado y conectado con el suelo, puedes practicar esta postura cómodamente y con confianza. ¡Esta es la postura del perro!

EL PERRO HACIENDO PIS
(EKA PADA ADHO MUKHA SVANASANA)

3.  ¡Todos los perros machos marcan el territorio!, así que de vez en cuando levanta alternativamente la pierna derecha y la izquierda para hacer pipí. ¡Psssss!

4.  Para terminar, vuelve a ponerte A CUATRO PATAS y después pasa a la POSTURA DEL NIÑO. ¡Nota lo bien que te sientes ahora!

TAMBIÉN PUEDES PROBAR ESTO:

Sacude el trasero como si fueras un perro que mueve la cola porque está contento.

भुजङ्गासन
Bhujangasana

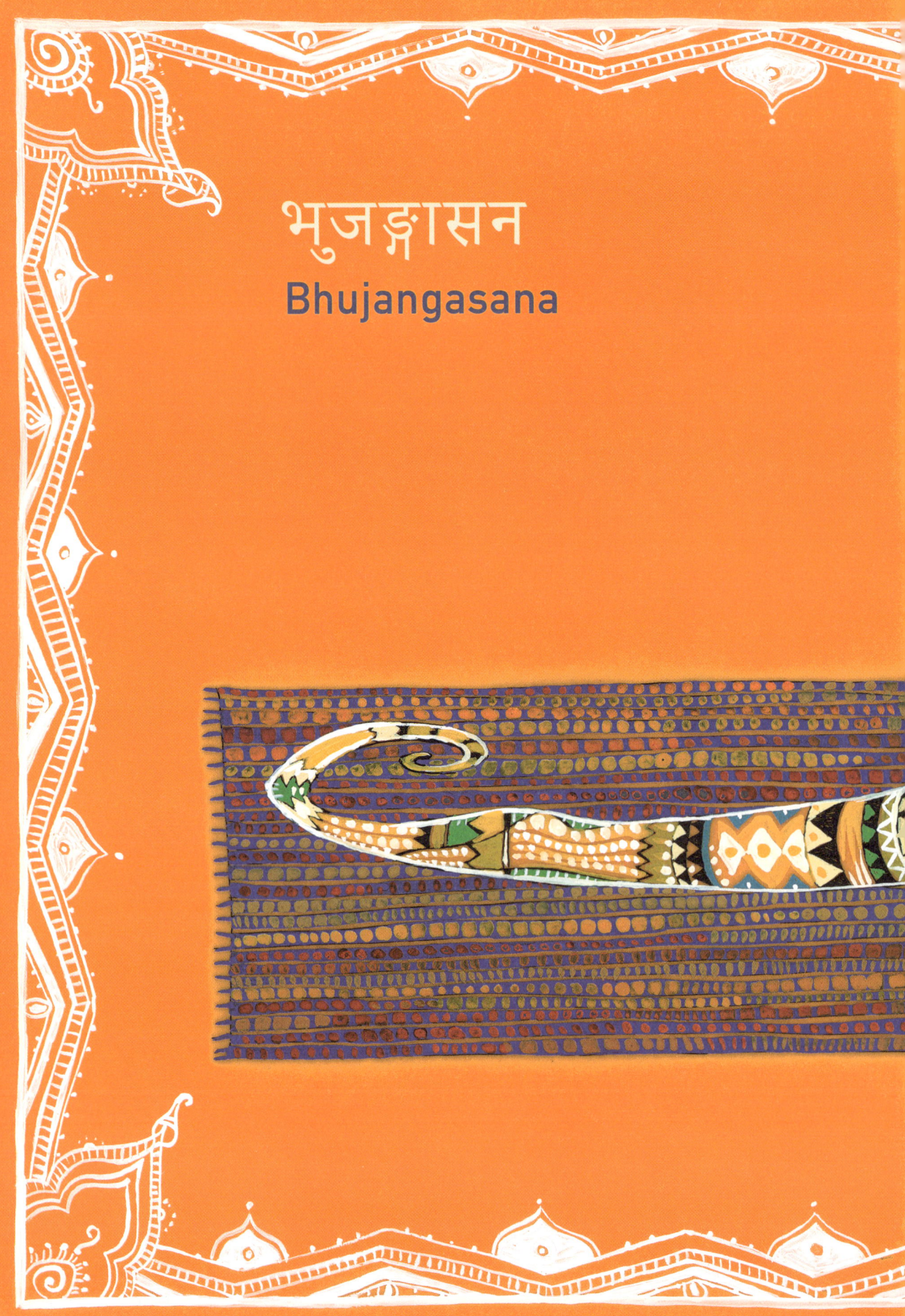

Si observas atentamente a una COBRA entenderás por qué esta serpiente es en la India un símbolo de poder, valentía y dignidad. Son muy sigilosas, y el tono y los dibujos de su piel les permiten camuflarse en su entorno. Usan la lengua para oler a sus presas y así poder localizarlas y atraparlas.

La postura de la cobra mejorará tu concentración y tu nivel de energía, hará que tengas menos temores y te dará fuerza y valor.

BENEFICIOS: *Postura revitalizante. Fortalece el abdomen y la columna vertebral, estira la parte delantera del torso, incrementa la capacidad pulmonar y mejora la digestión. Aporta claridad mental y confianza en uno mismo.*

¡ASÍ ES COMO SE HACE!

1 Túmbate boca abajo. Separa un poco las piernas y apoya los pies en el suelo de forma que los dedos apunten hacia atrás. Pon las palmas de las manos en el suelo cerca del pecho, con los codos pegados al cuerpo. Apoya la cabeza suavemente en el suelo y comprueba que tienes el cuello relajado. Inspira y espira de forma pausada por la nariz. ¡Imagínate que estás concentrado como una cobra!

2 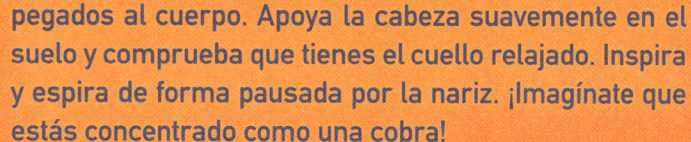 Inspirando, aprieta las piernas y la pelvis contra el suelo y levanta despacio la parte superior del cuerpo.

3 Mientras espiras, extiende los brazos para poder alzar un poquito más el tronco, pero dejando los hombros relajados. Siente cómo tu cuerpo se va estirando lentamente. Con la cabeza recta, saca la lengua como una cobra: «¡Sssss!». ¡Qué valiente eres!

4 Toma aire y, al soltarlo, vuelve a flexionar los brazos para adoptar ahora LA POSTURA DEL NIÑO.

TAMBIÉN PUEDES PROBAR ESTO:

LA COBRA RETORCIDA (TRIYAK BHUJANGASANA):
Cuando sueltes el aire estando en la posición de la cobra, gira la cabeza y la parte superior del cuerpo hacia la izquierda e intenta verte el tobillo izquierdo mirando por encima del hombro (y, si quieres hacer un giro mayor aún, intenta verte el tobillo derecho). Toma aire y después, lentamente, vuelve a mirar hacia delante. En la siguiente espiración, gira el tronco y la cabeza hacia el lado contrario.

CONSEJO: *Siempre que te sientas la espalda un poco rígida, puedes hacer la POSTURA DE LA SERPIENTE (NAGASANA) tumbándote boca abajo y levantando suavemente el tronco y las manos del suelo.*

एकपाद कपोतासन

Eka Pada Kapotasana

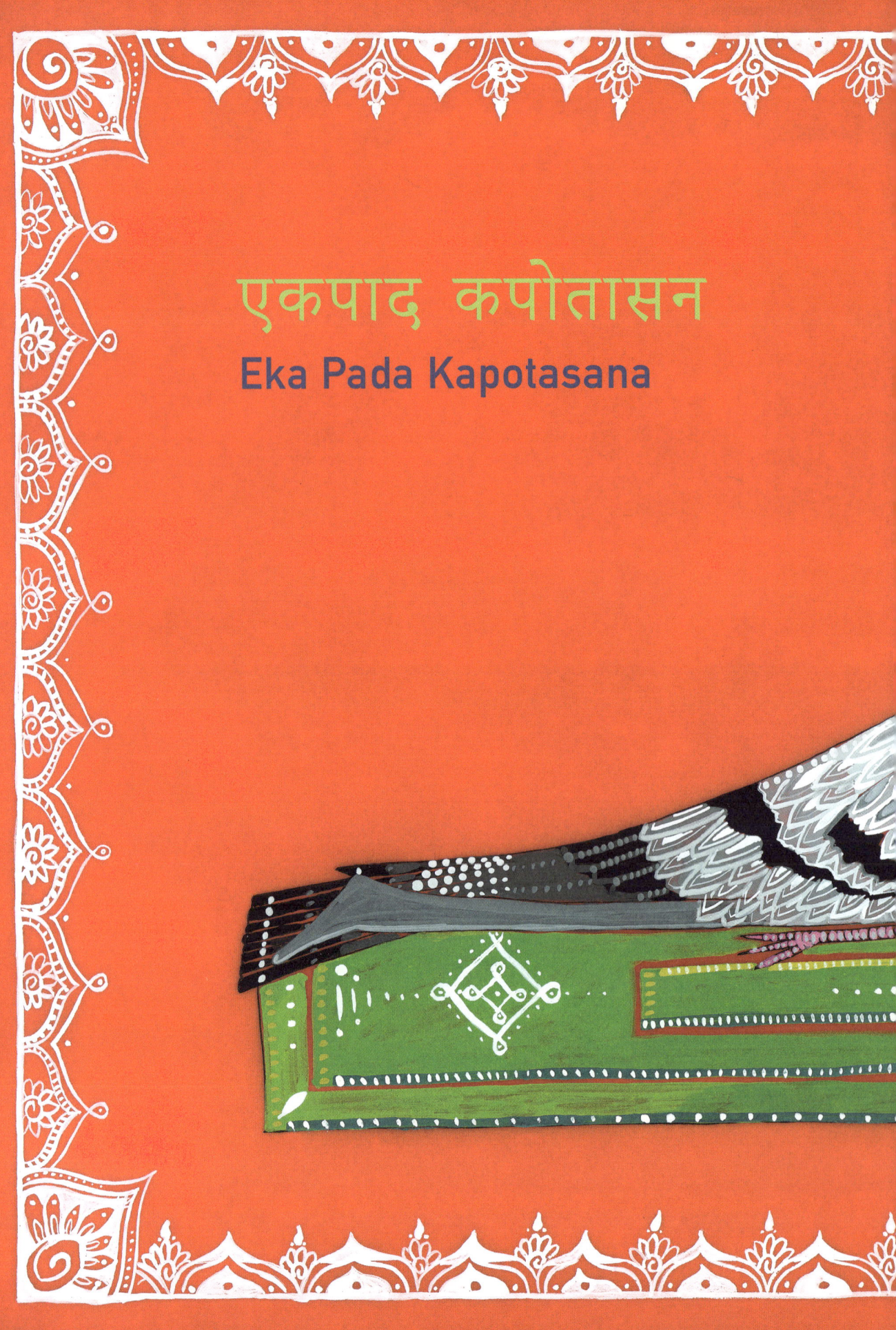

Las PALOMAS son unas aves muy inteligentes (antiguamente las utilizaban para enviar mensajes) y versátiles que se adaptan muy bien a su entorno. Se las considera un símbolo de paz y esperanza.

BENEFICIOS: *Es un buen ejercicio para fortalecer los músculos de la espalda y un excelente estiramiento para los músculos del trasero, la zona abdominal, las caderas y los hombros.*

Esta asana hace que abramos el corazón y nos aporta una mayor flexibilidad mental. Es un ejercicio ideal para relajarse después de un día agitado, ya que alivia las tensiones y nos ayuda a sentir plenamente el cuerpo.

¡ASÍ ES COMO SE HACE!

1. Ponte A CUATRO PATAS como un gato: apoya las manos en el suelo y separa bien los dedos. Comprueba que las manos quedan justo debajo de los hombros, y las rodillas, justo debajo de las caderas. La espalda ha de estar recta y relajada. Coloca los dedos de los pies hacia atrás y mira al suelo.

2. Ahora suelta el aire y estira la pierna izquierda hacia atrás tocando el suelo (esta pierna va a ser la cola de la paloma). Inspira y siéntate sobre el tobillo derecho. Ahora tus garras (tus dedos) están firmemente asentados en el suelo frente a la rodilla adelantada. La espalda sigue estando recta y los dedos de los pies apuntan hacia atrás. Mira al frente.

3. Inspira profundamente y arquea el tronco con suavidad hacia atrás (mientras la parte inferior del cuerpo sigue presionando hacia delante). Saca el pecho hacia fuera y deja que se llene de energía y de aire fresco. El cuello, el abdomen y los brazos permanecen estirados, y los hombros, relajados.

4. En la siguiente espiración, baja el tronco hacia el suelo y estira los brazos hacia delante apoyando ligeramente la frente en el suelo. Respira de forma pausada y siente cómo tu cuerpo va relajándose.

5. Haz varias respiraciones largas y profundas, y después vuelve a ponerte A CUATRO PATAS. ¡Ahora le toca a la otra pierna! Cuando hayas terminado, descansa sobre los talones, apoya la frente en el suelo y estira bien los brazos. ¡Disfruta de lo feliz y orgulloso que te sientes!

बद्धकोणासन
Baddha Konasana

LA MARIPOSA

Imagínate que eres una alegre y colorida MARIPOSA, quizá una vanesa o una ulises. Tus piernas son sus enormes alas, y tus manos, sus largas antenas.
¿De qué color es tu mariposa?
¿Tal vez de tu color favorito?

BENEFICIOS: *Combate la fatiga. Ayuda a mantener flexibles las articulaciones de la cadera y las partes interna y superior de los muslos. Es un buen ejercicio para la columna.*

¡ASÍ ES COMO SE HACE!

1 Siéntate en el suelo con las piernas estiradas hacia delante y las manos apoyadas en el suelo junto a las caderas. Esta es la POSTURA DEL BASTÓN (DANDASANA).

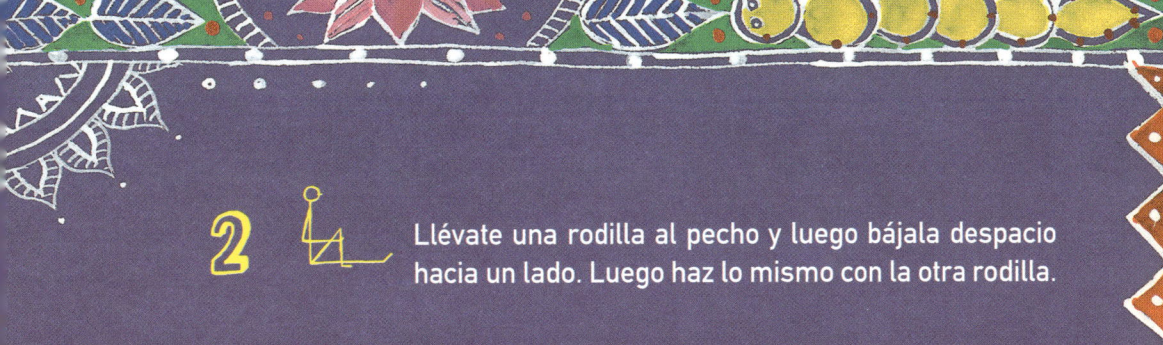

2 Llévate una rodilla al pecho y luego bájala despacio hacia un lado. Luego haz lo mismo con la otra rodilla.

3 Junta las plantas de los pies y agárralas con las manos. Ve moviendo lenta y suavemente las alas (las rodillas) arriba y abajo como si fueses una mariposa aleteando.

Ahora vas revoloteando con soltura y lleno de energía por una preciosa pradera. Ves flores de todos los colores, y eso te anima a volar más y más lejos. ¡Te sientes tan vivo y feliz! Notas la fragancia que desprenden las flores. Vas disfrutando de un dulce aroma tras otro y, con cada uno de ellos, vas sintiéndote cada vez más relajado.

4 Después de este largo vuelo, estás de vuelta en tu esterilla. Relaja los pies y los brazos. Para terminar, estira lentamente una pierna, luego la otra, y haz que reboten un poco sobre el suelo para destensarlas.

TAMBIÉN PUEDES PROBAR ESTO:

Cuando estés en pleno vuelo, verás mejor si usas las antenas. Esta postura exige que estés fuerte para poder mantener la espalda bien derecha. Coloca el dorso de las manos sobre la frente, con los índices apuntando hacia arriba. Ahora tus dedos sobresalen de tu cabeza como si fuesen las antenas de una mariposa, así que ya puedes lanzarte a volar por el ancho mundo con toda tranquilidad.

CONSEJO: *Si te cuesta mantener la espalda recta, puedes probar primero apoyándola en una pared.*

उष्ट्रासन
Ustrasana

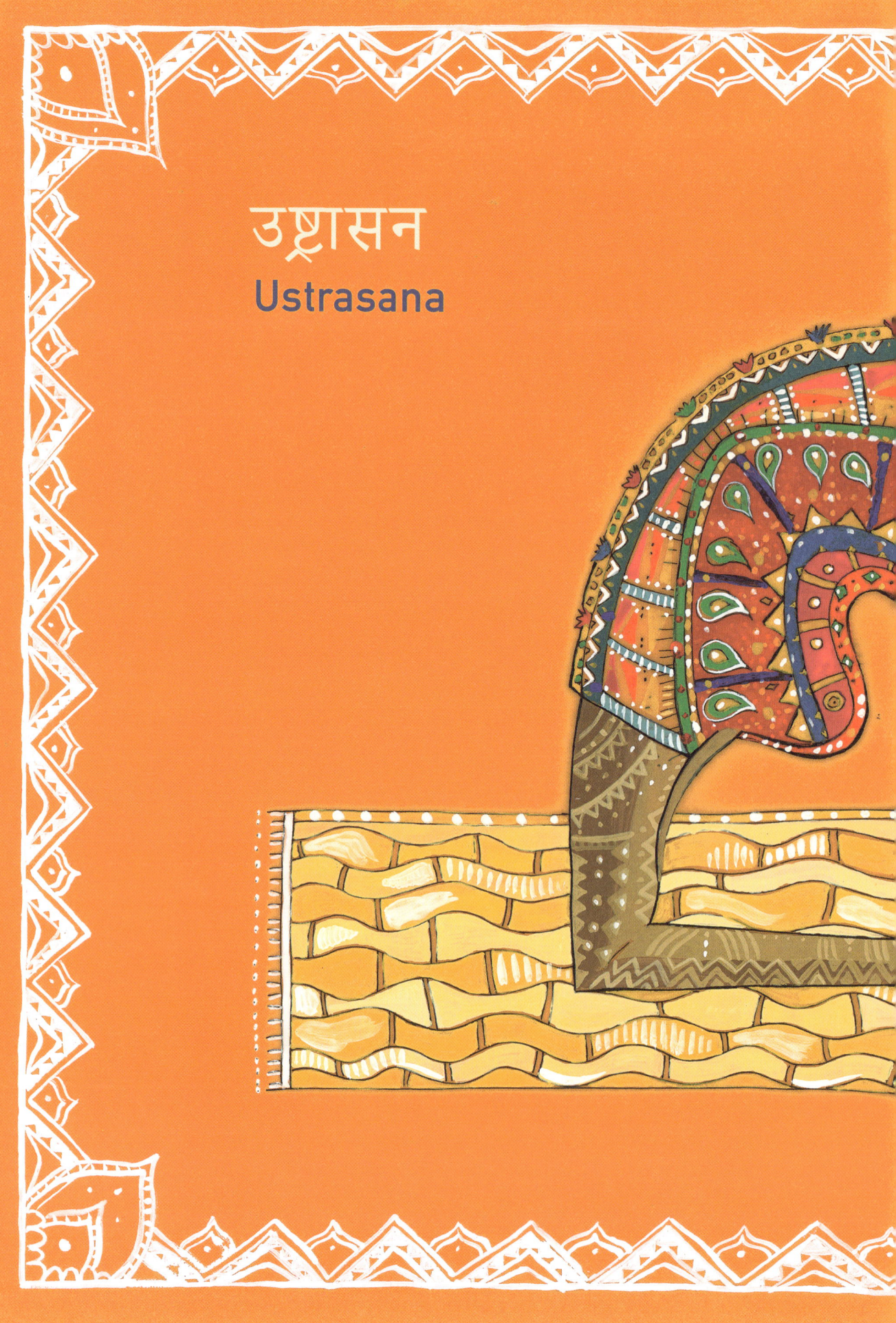

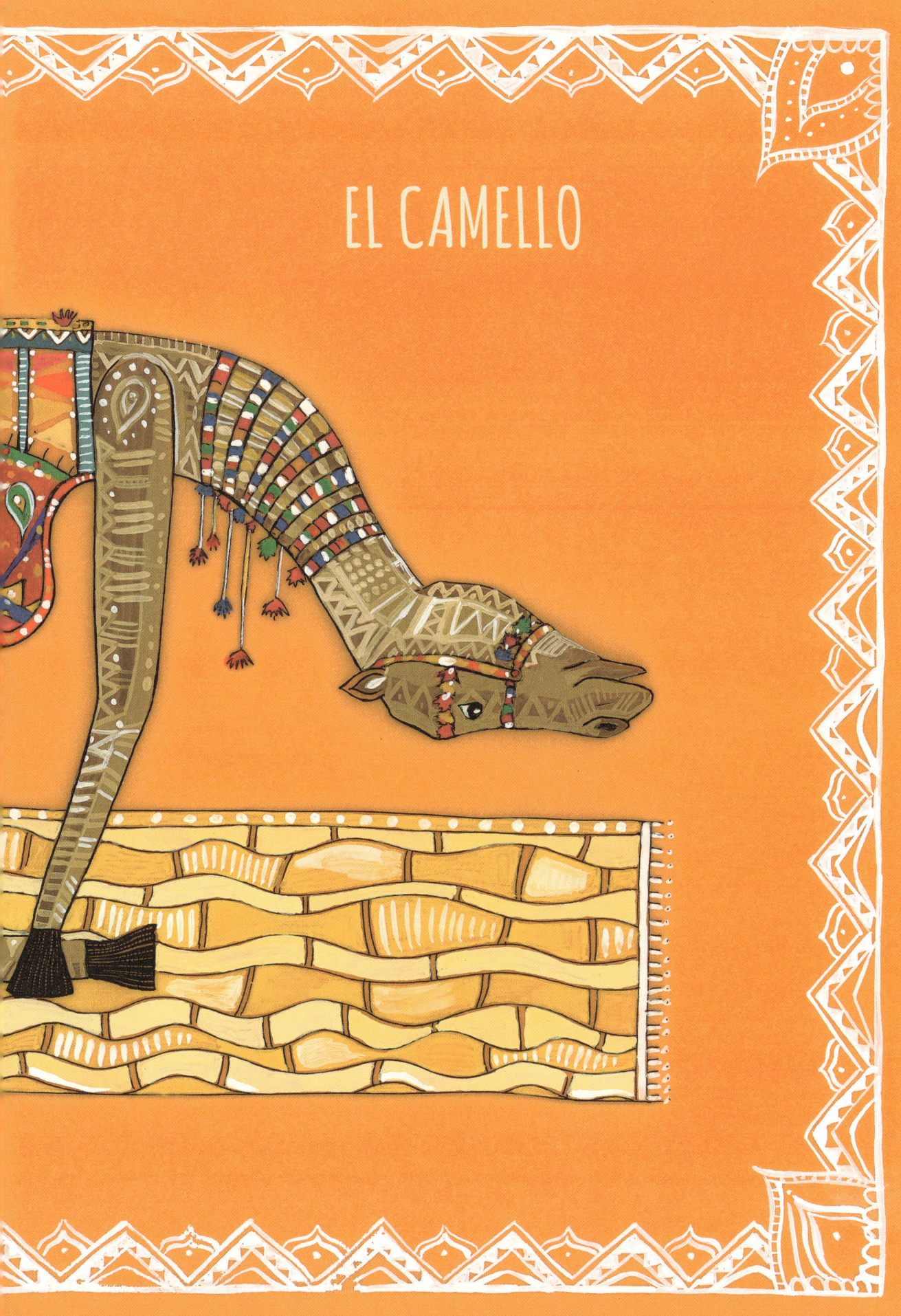

El CAMELLO es un animal con un talento extraordinario. Es muy fuerte y resistente, y puede estar más de una semana sin beber. Esta postura te ayudará a ser igual de fuerte y resistente, sobre todo cuando tengas que enfrentarte a grandes retos. No es un ejercicio fácil: ¡requiere mucha energía y concentración!

Así que permanece centrado y atento. ¡Seguro que lo consigues!

BENEFICIOS: *Favorece la buena postura, fortalece los músculos de la zona abdominal, la pelvis, la parte superior de los muslos y la espalda. Hace que la respiración sea más profunda y ejercita el diafragma. Estimula el sistema digestivo y calma el sistema nervioso.*

A los niños que tienen mucha energía les encanta esta asana. Es posible que a los niños de corta edad aún les falte la fuerza necesaria para mantener esta postura mucho rato, pero seguro que les gustará practicarla. Además, requiere mucha concentración y equilibrio, así que hay que animar a los niños cuando les cueste hacerla. La postura de ustrasana aumenta la conciencia y la confianza en uno mismo.

¡ASÍ ES COMO SE HACE!

1 Siéntate sobre los talones con la espalda recta, el tórax ligeramente inclinado hacia delante y los hombros relajados. Apoya las manos sobre los muslos y respira varias veces con suavidad. Procura disfrutar de esta asana, que se llama POSTURA DE RODILLAS (VAJRASANA).

2 Inspirando, levántate sobre las rodillas y abre las piernas hasta que queden alineadas con las caderas. Mantén la parte alta de los pies pegada al suelo, con los dedos apuntando hacia atrás. Mira hacia delante y deja que los brazos cuelguen relajadamente a ambos lados del cuerpo. Haz varias respiraciones suaves ¡e imagina que eres un robusto camello que va deambulando por el desierto!

3 En la siguiente inspiración, mantén las puntas de los dedos de los pies en el suelo o métalas hacia dentro levantando los tobillos. Al mismo tiempo, lleva el brazo derecho hacia delante y elévalo hasta rodear la cabeza. Sigue la mano con la mirada.

4 Continúa moviendo el brazo trazando un amplio círculo hacia atrás hasta que puedas agarrarte el tobillo o el talón derecho con la mano. Al mismo tiempo, adelanta la pelvis todo lo que puedas para que la espalda pueda formar un arco estable. Sigue mirando hacia delante.

5 Inspira y haz el mismo movimiento con el brazo izquierdo hasta que tengas las dos manos en los pies. Asegúrate de no cerrar los ojos en ningún momento. Inspira y espira unas cuantas veces siendo muy consciente de la respiración y sintiendo profundamente la postura en la que estás.

6 Cuando hayas terminado, vuelve a sentarte sobre los tobillos e inclínate hacia delante para adoptar la POSTURA DEL NIÑO. Relájate y dite: «¡Me siento feliz!».

कूर्मासन
Kurmasana

LA TORTUGA

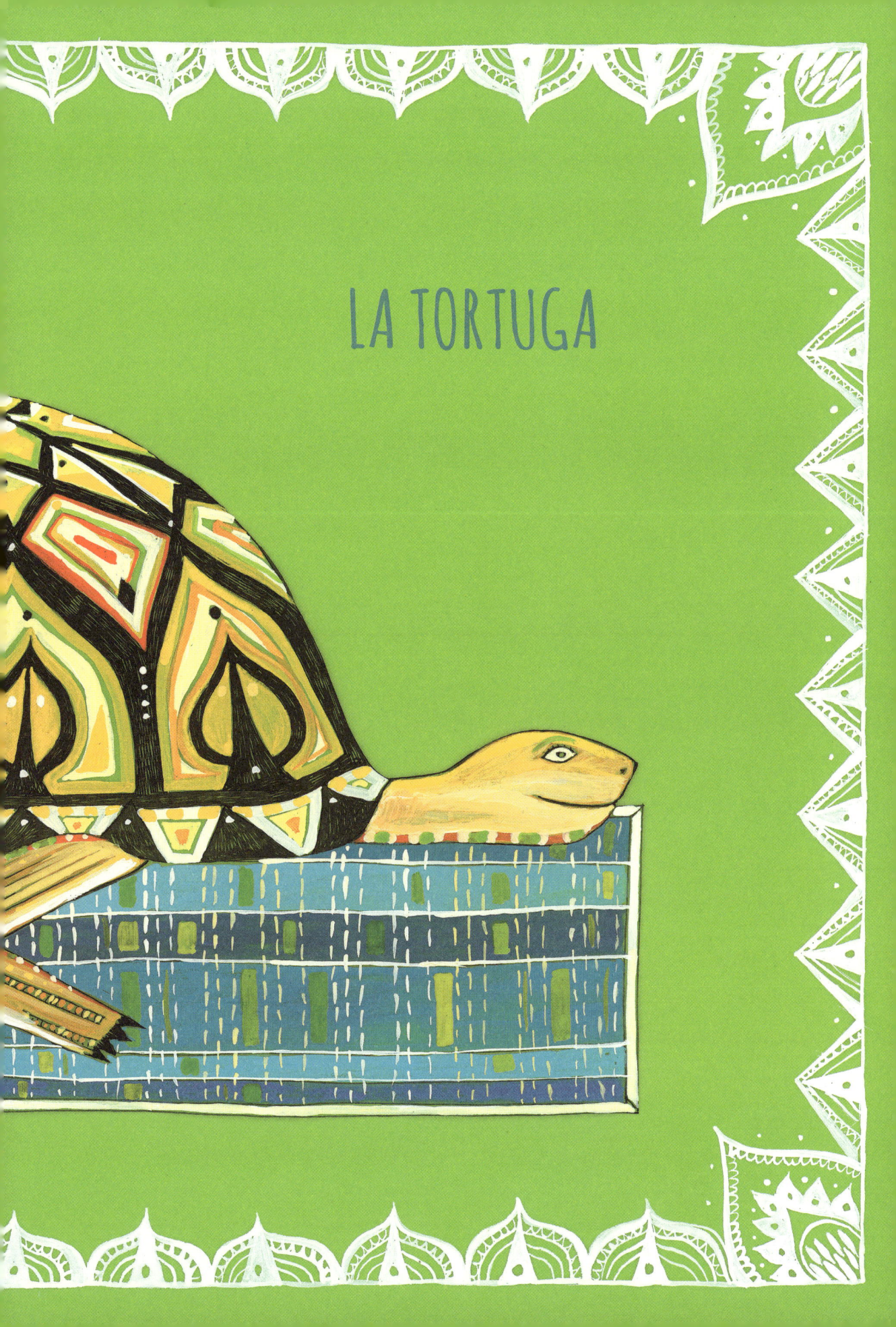

Las **TORTUGAS** están en la Tierra desde la prehistoria. Son muy inteligentes y saben exactamente cuándo es momento de retirarse y descansar un poco. En los millones de años que llevan en el planeta han aprendido a mantener la calma (al fin y al cabo, ¡tienen todo el tiempo del mundo!).

Los humanos podemos aprender mucho de las tortugas, especialmente sobre cómo hacer las cosas en el momento adecuado y con tranquilidad.

BENEFICIOS: *Estira y estimula la columna vertebral. Activa los órganos internos. Nos aporta paz, serenidad y sensación de bienestar.*

¡ASÍ ES COMO SE HACE!

1 Siéntate con las piernas estiradas hacia delante, con el torso en posición vertical y las palmas de las manos apoyadas en el suelo, junto a las caderas (DANDASANA).

2 Soltando el aire, dobla las rodillas y deja que se abran hacia los lados juntando las plantas de los pies. Sujeta los pies con las manos e inclínate hacia delante desde las caderas, igual que en la posición de LA MARIPOSA.

3 En la siguiente espiración, suelta los pies y desliza los brazos por debajo de las rodillas de modo que las palmas queden apoyadas en el suelo junto a los pies.

Imagina que tus brazos son dos gusanitos que, arrastrándose y curvándose sobre sí mismos, entran y salen de la tierra y se encuentran de frente. Uno le dice al otro: «¡Hola! ¿Qué haces? Yo estoy practicando yoga, ¿y tú?». El otro responde: «¡Yo también!». Y deciden hacer yoga juntos y acaban fundiéndose en un abrazo.

Mueve ligeramente el trasero hacia la derecha y luego hacia la izquierda para asegurarte de que estás sentado firmemente en el suelo. Mientras tomas aire, estira lentamente la cabeza hacia delante como si estuvieses oliendo una flor que desprendiese una maravillosa fragancia.

4 Es hora de descansar un rato metiendo la cabeza en el caparazón. Espirando, deja que la cabeza caiga relajadamente hacia abajo, de modo que la frente descanse sobre el suelo. Asegúrate de mantener la espalda recta. ¡Ahora te sientes cómodo y seguro dentro de tu caparazón! Cierra los ojos y disfruta de esta calma.

5 Inspirando, levanta lentamente la cabeza y el tronco. Vuelve a estirar las piernas hacia delante y apoya relajadamente las manos sobre los muslos.

6 Espirando, llévate las rodillas al pecho y rodéalas con los brazos. Ahora eres como una bolita. Toma aire y muévete suavemente sobre la espalda. Balancéate adelante y atrás como si fueses una tortuga columpiándose sobre su caparazón. ¡Disfruta de este agradable masaje de espalda!

7 Para terminar, túmbate en el suelo boca arriba con los brazos estirados a lo largo del cuerpo. ¡Te sientes cómodo y seguro como una tortuga!

TAMBIÉN PUEDES PROBAR ESTO:

En lugar de juntar las plantas de los pies, mantenlos bien separados, relaja la curva de las rodillas e inclínate hacia delante estirando la columna vertebral. Con los talones apoyados en el suelo, estira bien los brazos hacia fuera pasándolos por debajo de las rodillas y luego muévelos hacia delante y atrás como si fuesen las aletas de una tortuga marina. Si puedes, baja la cabeza hasta el suelo.

सिंहगर्जनासन
Simha Garjanasana

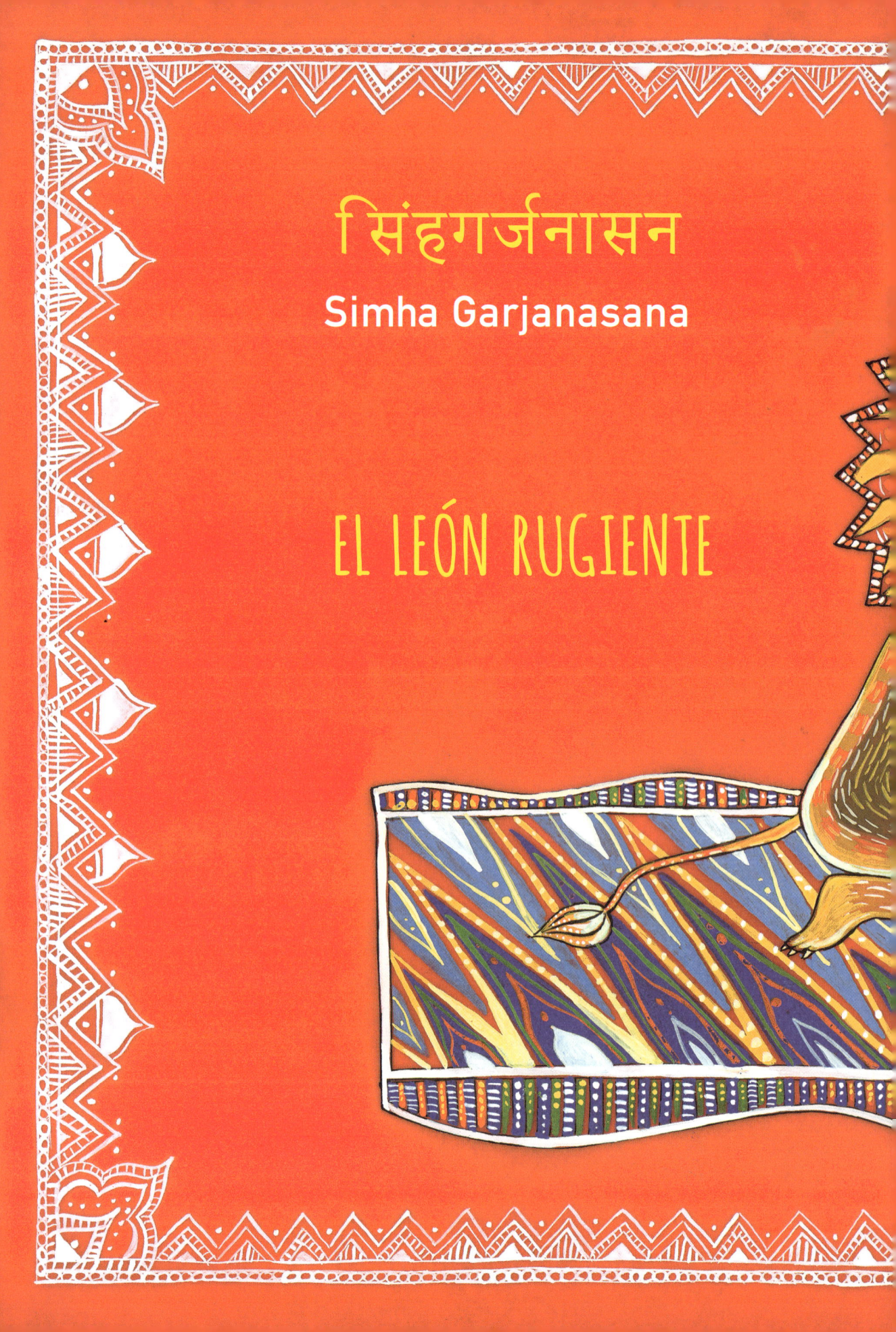

EL LEÓN RUGIENTE

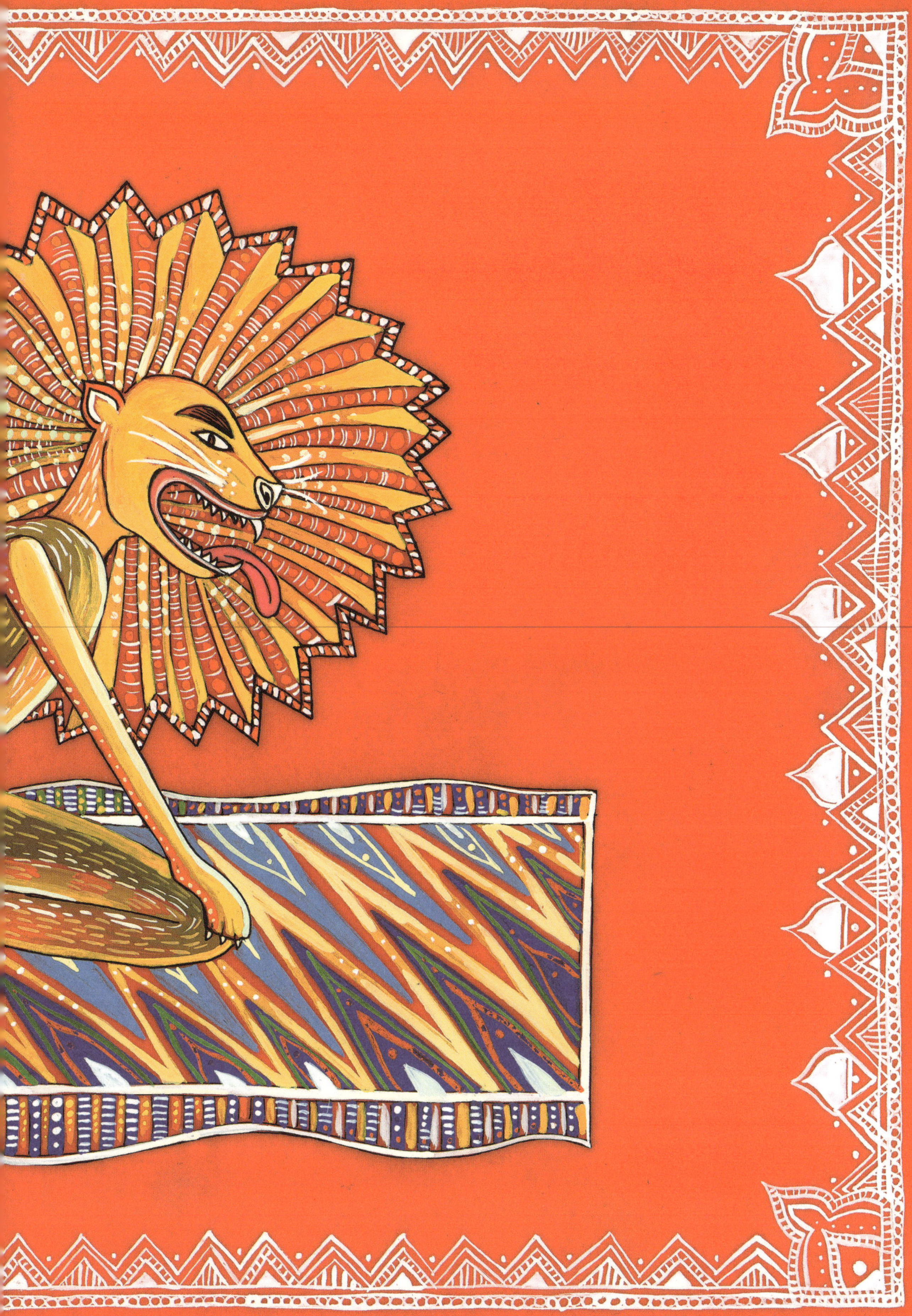

¡EL LEÓN es el rey de los animales! Recorre la sabana de África sin descanso, despacio, serenamente, con esos andares tan típicos de los felinos. La mayoría de los animales muestran un gran respeto ante él. Es un gato enorme, fuerte y poderoso.

Cuando hagas el león, ¡puedes rugir tan lo alto como quieras! Siempre que necesites desahogarte un poco, ¡pon toda tu mente y tu corazón en soltar un buen rugido!

BENEFICIOS: *Aumenta la confianza en uno mismo y fomenta las habilidades verbales. Alivia las tensiones y el estrés. Ayuda a desahogarse. Recarga la energía tanto física como mental. Ayuda a los niños especialmente activos a mantenerse serenos. Ejercita y fortalece los músculos oculares.*

¡ASÍ ES COMO SE HACE!

1 Tranquilamente, como un león, siéntate sobre los talones. Apoya las patas (las manos) en el suelo por delante de las rodillas con los brazos estirados. Inclina la espalda hacia delante desde las caderas. Asegúrate de que tienes el cuello estirado, y mira al frente. Permanece inmóvil y en silencio como un gato.

2 Mueve solo los ojos, a derecha e izquierda, arriba y abajo. ¡Nada escapa a tu atención!

3 Inspira y, al soltar el aire, ¡demuestra que el león es el rey sacudiendo tu magnífica melena!

4 Deja de mover la cabeza y respira profundamente por la nariz. Soltando el aire, levántate sobre las rodillas y enseña orgullosamente las garras alzando los brazos, doblando los dedos y abriendo bien las palmas de las manos. Ahora saca la lengua lo máximo que puedas y lanza un rugido con todas tus fuerzas. Toma aire de nuevo y, al espirar, vuelve a rugir con ganas desde el estómago. Ruge las veces que quieras.

¿Puedes tocarte la barbilla con la lengua cuando ruges?

5 Inspirando, siéntate sobre los talones, y, mientras espiras, vuelve a adoptar la POSTURA DEL NIÑO. ¡Eres fuerte y poderoso!

शशांकासन
Shashankasana

EL CONEJO

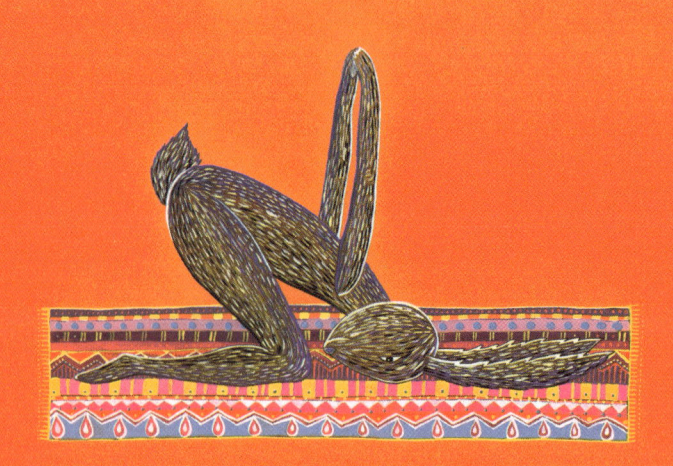

¡Los CONEJOS son unos animalitos muy especiales! Se adaptan a diferentes entornos, pueden vivir solos o en grupo, y son tiernos y adorables. Ya al nacer abren mucho sus grandes ojos: ¡desde el primer momento no se pierden nada de lo que ocurre! Sus fuertes patas les permiten correr rápido, y tienen unas orejas muy largas para poder oírlo todo.

Cuando hagas el conejo debes apuntar con las orejas hacia arriba. Así puedes estar al tanto de todo lo que te rodea. ¿Qué ruidos hay a tu alrededor? ¡Como conejo, puedes oírlo todo! ¡Estás bien despierto y alerta!

BENEFICIOS: *Estimula la sensación de protección y seguridad. Tiene un efecto calmante y favorece la concentración. Relaja los hombros, el cuello y la espalda. También es bueno para el corazón y para respirar más profundamente.*

¡ASÍ ES COMO SE HACE!

1 Ponte en la POSTURA DE RODILLAS (VAJRASANA). Debes tener la espalda bien recta y estirada, el pecho hacia fuera, los hombros sueltos y los brazos descansando a ambos lados del cuerpo. Inspira y luego ve soltando el aire lentamente.

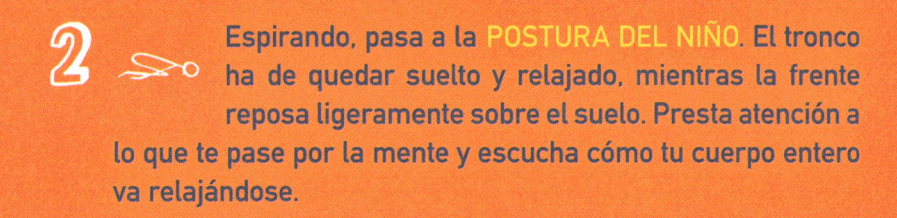

2 Espirando, pasa a la POSTURA DEL NIÑO. El tronco ha de quedar suelto y relajado, mientras la frente reposa ligeramente sobre el suelo. Presta atención a lo que te pase por la mente y escucha cómo tu cuerpo entero va relajándose.

3 Inspirando, llévate las manos a la espalda y entrelaza los dedos con las palmas de las manos mirando hacia fuera. Levanta las nalgas y apóyate sobre las rodillas mientras colocas con suavidad la frente en el suelo. Tienes unas orejas bien largas, así que puedes oír todo lo que ocurre a tu alrededor. Permanece en esta posición el rato que quieras.

4 Espirando, vuelve a la POSTURA DEL NIÑO.

5 Cuando estés listo para terminar, levanta lentamente el tronco y regresa a la POSTURA DE RODILLAS con la espalda bien recta.

TAMBIÉN PUEDES PROBAR ESTO:

EL CONEJO DE PIE: Junta las piernas de modo que se toquen y pon la espalda recta. Entrelaza los dedos por detrás de la espalda con las palmas mirando hacia fuera, inclina el cuerpo ligeramente hacia delante desde la cintura y levanta los brazos hacia el cielo todo lo que puedas.

CONSEJO: El conejo de pie es una postura especialmente buena para distender la caja torácica y los hombros. Intenta hacer esta postura si vas al colegio cargando una mochila, en ese caso es muy adecuada para ti.

शलभासन
Shalabhasana

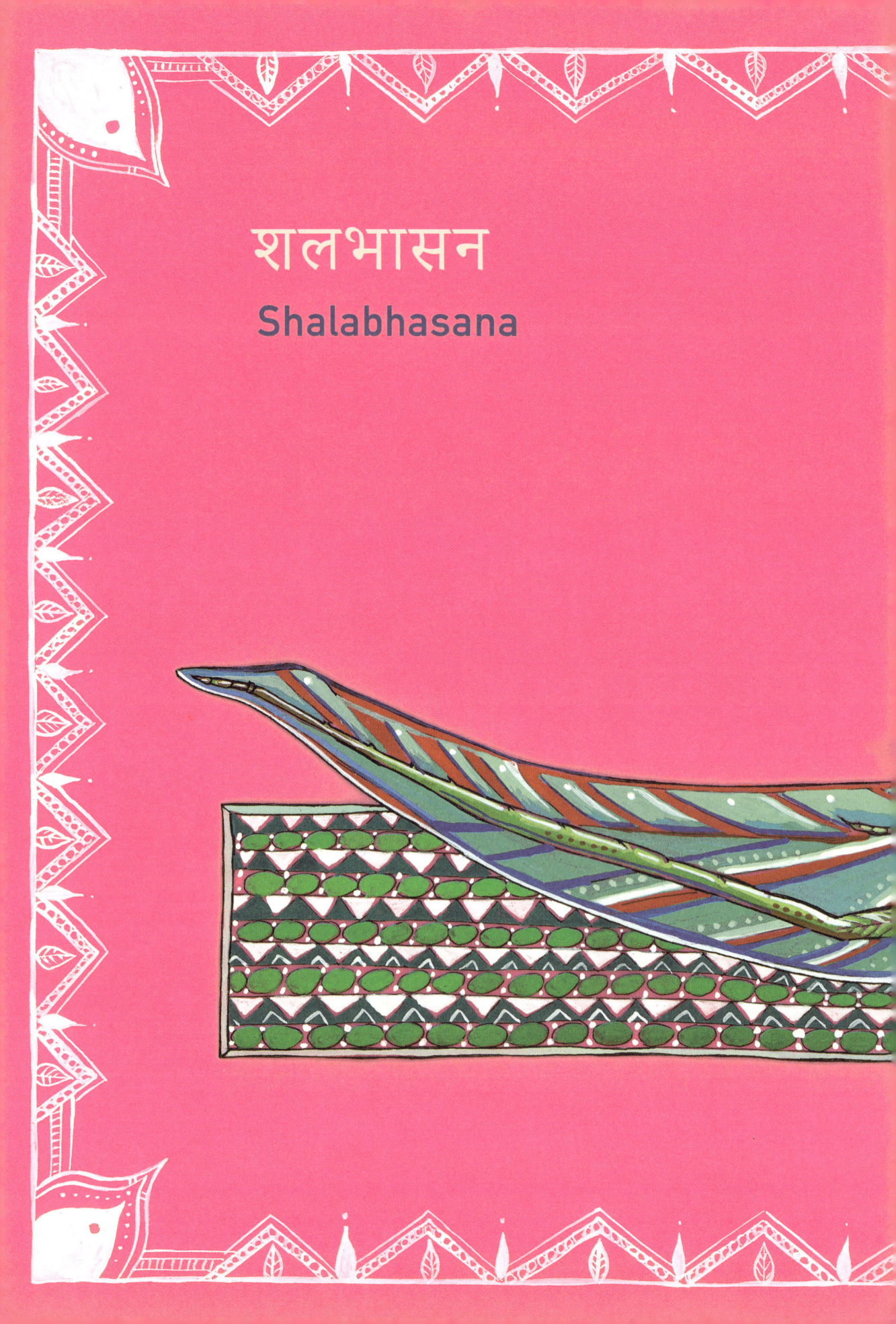

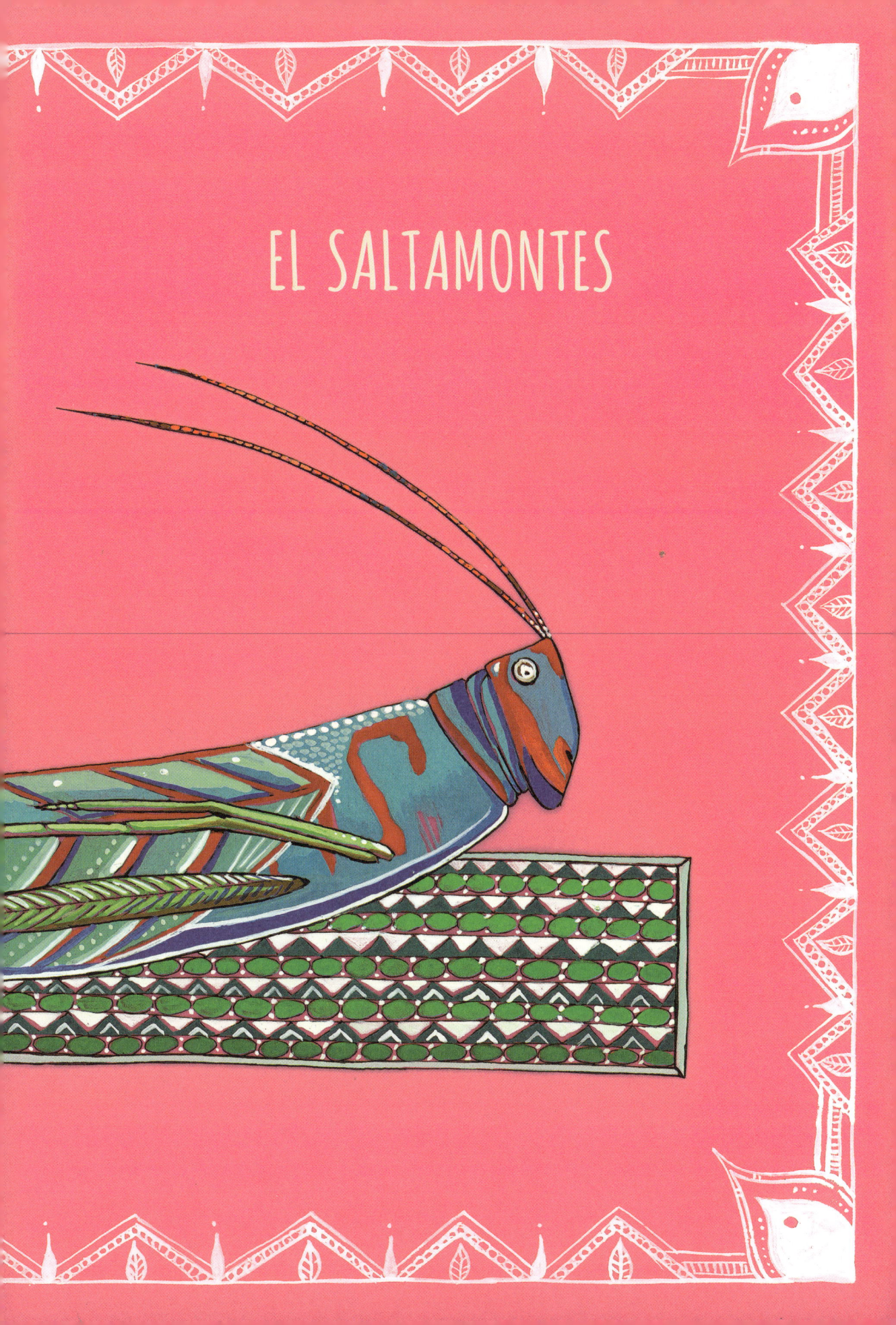

EL SALTAMONTES

EL SALTAMONTES es un ejercicio estupendo, pero ¡hace falta mucha fuerza y concentración para realizar esta asana!

BENEFICIOS: *Fortalece el abdomen y los músculos de las lumbares y las nalgas. Estira los músculos del pecho y de los hombros. Relaja los órganos internos de la zona abdominal y ayuda al sistema digestivo.*

¡ASÍ ES COMO SE HACE!

1 Túmbate boca abajo. Pon la espalda recta, junta las piernas y gira la cabeza hacia un lado. Deja los brazos relajados a ambos lados del cuerpo, con las palmas de las manos hacia arriba.

2 LA RESPIRACIÓN DEL GLOBO:
Imagina que tienes un globo dentro de la barriga. Cuando coges aire, el globo se hincha y tu barriga también se hace más grande. En cambio, cuando sueltas el aire, se encoge.

Inspira (tu barriga crece) y espira (tu barriga se encoge); respira así tres veces y fíjate en cómo te sientes.

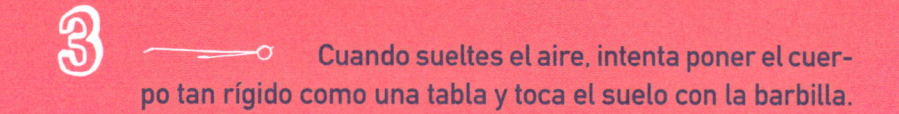

3 Cuando sueltes el aire, intenta poner el cuerpo tan rígido como una tabla y toca el suelo con la barbilla.

4 Inspirando, levanta el pecho, la cabeza y la pierna derecha. Mira hacia delante. Espirando, relaja el cuerpo y deja que todo vuelva a su lugar. Cuando tomes aire de nuevo, cambia de lado y repite todo lo anterior, esta vez levantando la pierna izquierda.

5 Ahora prepárate para hacer la postura completa. Inspira profundamente y levanta al mismo tiempo el pecho, la cabeza, las piernas y los brazos. Las piernas tienen que quedar estiradas, los brazos cerca del cuerpo y los hombros hacia atrás. Todo tu cuerpo está tenso como un arco. Mira hacia delante y permanece muy atento. Sigue respirando por la nariz y mantén la postura mientras te resulte cómoda.

6 Cuando sueltes el aire una última vez, descansa sobre el suelo con la cabeza girada hacia un lado.

7 Para terminar, vuelve a la POSTURA DEL NIÑO.

TAMBIÉN PUEDES PROBAR ESTO:

Puedes poner los brazos en diferentes posiciones:

1. Entrelaza los dedos por detrás de la espalda, con las palmas de las manos mirando hacia fuera, y espira estirando los brazos hacia atrás como si fuesen alas y estuvieses a punto de echarte a volar.

2. Estira los brazos hacia delante, ¡como Superman!

मत्स्यासन

Matsyasana

EL PEZ

Imagina que eres un PEZ. Tus piernas son la cola, y los codos doblados, las aletas. Estás nadando tranquilamente entre los corales en aguas cálidas y azules. Tus escamas brillan alegremente con colores maravillosamente relucientes. Estás sereno, calmado, en paz.

BENEFICIOS: *A esta asana se la conoce como «la destructora de todas las enfermedades». Es una postura que abre y expande la caja torácica y el corazón, liberándonos de todo lo que nos preocupa. El pez nos renueva el cuerpo y el alma, especialmente después de una larga y dura jornada en el colegio. También potencia la confianza en uno mismo, lo cual resulta estupendo para nuestros pequeños campeones cuando están agotados, y contribuye a restaurar y restablecer tanto su cuerpo como su mente y su espíritu.*

Mejora la flexibilidad y la fuerza de la columna, así como la postura de la parte superior de la espalda. Estimula los órganos internos, el cuello, el corazón, la circulación y los sistemas respiratorio y nervioso. También ayuda a aliviar el estrés y la ansiedad.

¡ASÍ ES COMO SE HACE!

1 Túmbate boca arriba. Junta bien las piernas y los pies y coloca en punta los dedos de los pies. Deja los brazos relajados junto al cuerpo y cómodamente apoyados en el suelo, con las palmas hacia abajo. Inspira y espira suavemente.

2 Pon las manos debajo de las nalgas y deslízalas hacia los muslos al tiempo que mantienes los brazos bien pegados al cuerpo. Inspirando, levanta el tronco del suelo mientras doblas los codos y dejas la cabeza relajada, de forma que toques el suelo con la coronilla. Los antebrazos y las palmas de las manos están apoyados en el suelo y presionan hacia abajo.

3 Cuando sueltes el aire, deja que la cabeza caiga hacia atrás y llegue lo más lejos posible. Al inspirar de nuevo, estira la caja torácica hacia arriba. Relaja la espalda para evitar arquear las lumbares.

4 El tronco forma un arco y la coronilla se apoya en el suelo. El peso del cuerpo tiene que caer sobre los antebrazos y los codos, no sobre la cabeza. Cierra los ojos y quédate así un rato, centrando la atención en la respiración.

5 Cuando sueltes el aire por última vez, ve relajando el tronco suavemente y llevándolo hacia el suelo hasta que vuelvas a estar tumbado boca arriba.

6 Llévate las rodillas al pecho y sujétalas rodeándolas con los brazos. Permanece así durante unas cuantas respiraciones.

7 Ahora relájate en la **POSTURA DEL ESPAGUETI (SAVASANA)**. Túmbate de espaldas como si fueses un manojo de espaguetis justo antes de echarlos a la olla. Separa las piernas hasta que estén alineadas con las caderas y pon los pies un poco hacia fuera. Deja los brazos relajados junto al cuerpo con las palmas hacia arriba. También puedes poner las manos sobre la barriga. Abre un poco la boca y relaja la lengua. Llévate la barbilla al pecho. Si quieres, puedes cerrar los ojos. Fíjate en cómo entra y sale el aire mientras respiras.

मकरासन
Makarasana

EL COCODRILO

¿Qué animal es más fuerte: el león o el COCODRILO? El cocodrilo tiene una boca enorme y temible, y también una cola larga y potente que puede usar para nadar y bucear muy rápido y para perseguir grandes animales en el agua o incluso en tierra firme. De hecho, los cocodrilos de más edad no tienen ningún enemigo. Aparte, son animales que viven muchos años porque, con lo listos que son, han aprendido el antiguo arte de la relajación.

¡Este ejercicio te ayudará a poner en funcionamiento la columna y a levantarte de la cama por las mañanas!

BENEFICIOS: *Ayuda a aliviar la tensión en la espalda y libera la energía bloqueada. Relaja el cuello y contribuye a distender tanto la espalda como la mente de los niños cuando están muy cansados. Estira los músculos del pecho, facilita la respiración y estimula el sistema digestivo.*

¡ASÍ ES COMO SE HACE!

1 Empieza en la POSTURA DEL ESPAGUETI. Túmbate de espaldas con las piernas ligeramente abiertas y los pies hacia fuera. Pon los brazos cerca del cuerpo con las palmas de las manos mirando hacia arriba.

2 Espirando, junta las piernas y estira los brazos hacia los lados hasta que queden a la altura de los hombros. Las palmas de las manos tienen que estar abajo y pegadas al suelo.

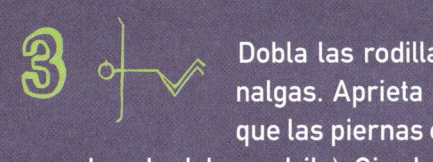

3 Dobla las rodillas y acerca los talones todo lo que puedas a las nalgas. Aprieta bien las rodillas para que no se separen y deja que las piernas caigan hacia el suelo por el lado derecho (esta es la cola del cocodrilo). Gira la cabeza hacia la izquierda y dirige la mirada hacia la mano de ese lado. Intenta mantener los hombros relajados, bien abiertos y apoyados en el suelo. Siente cómo, con cada inspiración y espiración, puedes girar un poquito más la cadera. Aprovecha este momento para sumirte en una profunda relajación.

Deja todo el cuerpo relajado y respira unas cuantas veces suave y lentamente. Imagina que eres un fuerte y corpulento cocodrilo que está tumbado en la orilla del río dejándose mimar por los cálidos rayos del sol. El agradable murmullo del agua hace que te sientas aún más tranquilo.

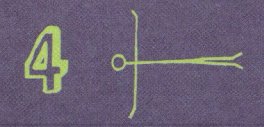

4 Escucha a tu cuerpo, y después, soltando el aire lentamente, vuelve a la posición original. Repite el ejercicio con el lado izquierdo.

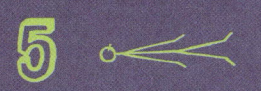

5 Haz esta asana un par de veces más y, para terminar, descansa relajadamente en la POSTURA DEL ESPAGUETI.

TAMBIÉN PUEDES PROBAR ESTO:

1. Ponte boca abajo. Estira los brazos por delante de la cabeza con las palmas de las manos juntas. Gírate hasta que tu cuerpo quede apoyado sobre un costado y abre y cierra los brazos como si fuesen la mandíbula de un cocodrilo. ¡No olvides sonreír de oreja a oreja al final!

2. Dobla la rodilla derecha y, manteniendo la izquierda estirada, ve girando el cuerpo lentamente hacia el costado izquierdo, hasta que la rodilla derecha toque el suelo. Gira la cabeza hacia la derecha. Luego haz lo mismo con el lado contrario.

CONSEJO: *Para este ejercicio es muy adecuado reproducir un audio con sonidos de arroyos y manantiales.*

EJERCICIOS DE RELAJACIÓN

Cuando termines cada sesión de ejercicios de yoga, túmbate de espaldas en el suelo. Separa un poco las piernas de modo que queden cómodamente relajadas y abre un poco los pies hacia los lados. Deja los brazos relajados a ambos lados del cuerpo con las palmas de las manos hacia arriba. Respira varias veces de forma suave y regular. Inspira, espira... Inspira, espira...

SIMPLEMENTE RELÁJATE, DESCANSA Y, SI TE APETECE, CIERRA LOS OJOS. DÉJATE LLEVAR EN UN VIAJE IMAGINARIO.

Imagina que es una tarde de primavera y que ya has terminado los deberes. Acaba de llover y sales a respirar el aire fresco. Oyes los trinos de los pájaros y ves cómo revolotean nerviosamente y van de árbol en árbol. Arriba, en el cielo, ves un resplandeciente arco iris.

Te sientas en un banco de madera y te pones cómodo para contemplar los maravillosos y vibrantes colores del arco iris; su visión te relaja, te hace sentir muy a gusto. Mientras inhalas y exhalas el aire fresco, examinas de cerca cada color y luego te dices a ti mismo:

ROJO: Estoy sano y en forma. Soy fuerte y valiente.

NARANJA: Estoy feliz. Soy creativo. Me siento bien conmigo mismo.

AMARILLO: Me siento radiante. Estoy abierto a los demás. Tengo mucha confianza en mí mismo.

VERDE: Soy una persona calmada y equilibrada. Estoy conectado con la naturaleza; me siento en armonía con ella. Estoy lleno de vida.

AZUL: Estoy relajado, centrado, atento. Me siento en armonía conmigo mismo y con mis amigos. Soy alguien en quien se puede confiar.

ÍNDIGO: Me siento libre, ligero. Percibo la luz que hay en mi interior. Sé quién soy.

VIOLETA: Me siento seguro de mí mismo. Soy afable y afectuoso. Lo paso bien con mis amigos. Estoy abierto a todo lo que se presente en mi camino.

Ahora, mientras escuchas el canto de los pájaros, disfrutas plenamente de este momento. Al bajar la mirada y dirigirla hacia los pies, descubres que en la tierra ya están brotando las primeras flores de la temporada. Por todas partes percibes los tenues aromas de la primavera: el suelo empapado, la hierba húmeda, las flores, los árboles, las hojas... Respiras profundamente, te levantas y, despacio, vuelves a casa.

Un día maravilloso está llegando a su fin.

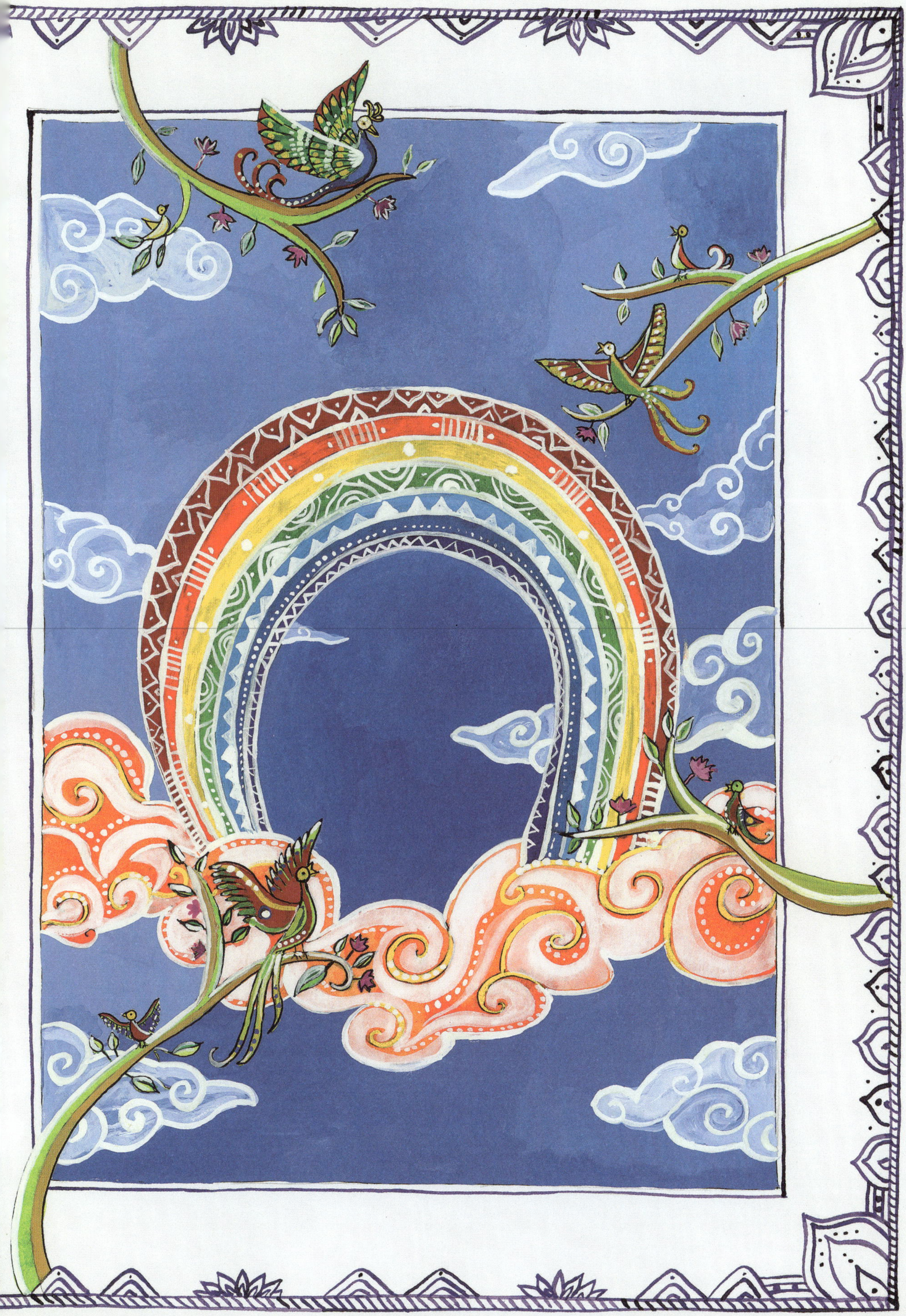

¡NAMASTÉ, PADRES!

La infancia es un período de intenso crecimiento tanto físico, emocional y social como espiritual.

Es una etapa que se caracteriza por un gran deseo de estar en movimiento, de estar siempre haciendo cosas y descubriéndolo todo con insaciable curiosidad. El yoga puede contribuir al desarrollo de tus hijos y complementarlo de la forma más profunda que se pueda imaginar.

Con el yoga, los niños pueden afrontar mejor la agenda tan apretada y llena de actividades que suelen tener hoy día. La práctica consciente de la conexión entre los movimientos y la respiración los ayuda a cultivar una imagen corporal saludable y un espacio interior sosegado y seguro en el que pueden recargar las baterías y soltar la tensión.

El enfoque holístico del yoga —con sus ejercicios físicos (las asanas), que a menudo se inspiran en el mundo de los animales y las plantas, sus técnicas de respiración (pranayama), así como sus dinámicas de concentración, conciencia y relajación— alienta a los niños a optar por llevar una vida sana y equilibrada desde la más temprana etapa de su desarrollo.

Existen estudios científicos que corroboran este efecto armonizador que el yoga ejerce sobre los niños. Esta actividad estimula todos los sentidos, mejora la percepción y un saludable y equilibrado sentido de confianza en uno mismo. Además, mejora la concentración y el rendimiento.

Este libro te permitirá explorar con tus hijos el dinámico, divertido y gratificante mundo del yoga. Los sencillos ejercicios que incluye contribuirán a que tus hijos se mantengan centrados y llenos de energía, ya sea en el colegio o durante el fin de semana: siempre que lo necesiten. Es importante recalcar que el tiempo que los niños pasen haciendo estos ejercicios de yoga ha de ser un tiempo de disfrute y exploración, y no de crítica o exigencia, ni tampoco un tiempo centrado en la consecución de objetivos concretos.

¡No te reprimas y practica tú también! Los ejercicios de este libro no son adecuados únicamente para niños pequeños, ¡sino también para niños más mayores y para adultos!

¡Espero que todos os divirtáis mucho con este libro!

Un abrazo,
Leila Kadri Oostendorp

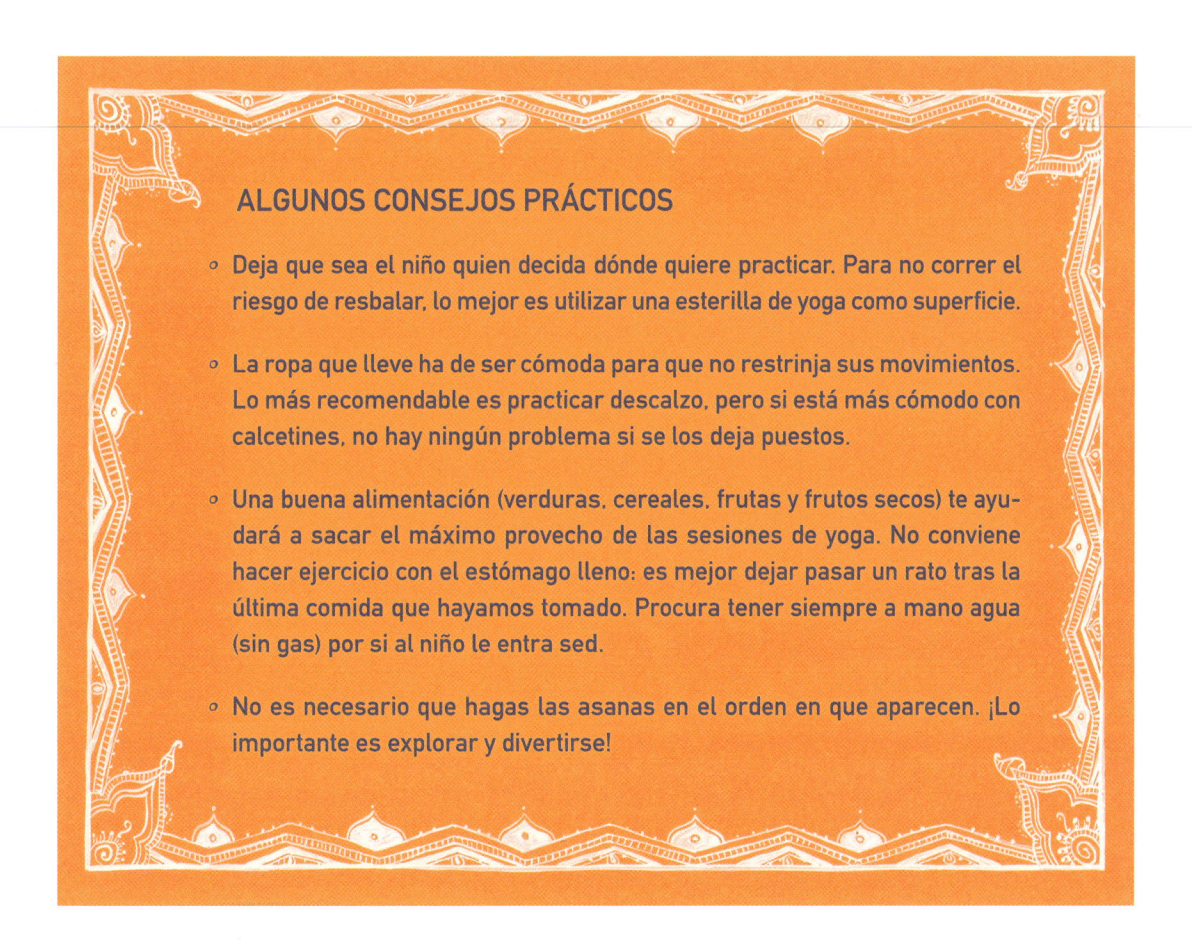

ALGUNOS CONSEJOS PRÁCTICOS

- Deja que sea el niño quien decida dónde quiere practicar. Para no correr el riesgo de resbalar, lo mejor es utilizar una esterilla de yoga como superficie.

- La ropa que lleve ha de ser cómoda para que no restrinja sus movimientos. Lo más recomendable es practicar descalzo, pero si está más cómodo con calcetines, no hay ningún problema si se los deja puestos.

- Una buena alimentación (verduras, cereales, frutas y frutos secos) te ayudará a sacar el máximo provecho de las sesiones de yoga. No conviene hacer ejercicio con el estómago lleno: es mejor dejar pasar un rato tras la última comida que hayamos tomado. Procura tener siempre a mano agua (sin gas) por si al niño le entra sed.

- No es necesario que hagas las asanas en el orden en que aparecen. ¡Lo importante es explorar y divertirse!

ÍNDICE

Aquí tienes una lista con todos los ejercicios descritos en el libro. El número hace referencia a la página en la que puedes encontrar las instrucciones para cada uno.

¡Namasté, niños! | 2

EL ÁRBOL · Vrikshasana | 4

El árbol de la meditación | 4

Postura de la montaña · Tadasana | 5

LA RANA · Madukasana | 8

Respirar como una rana | 8

El GATO Y LA VACA · Chakravakasana | 12

El gato · Marjayasana | 12

La vaca · Bitilasana | 13

Postura del niño · Balasana | 13

EL PERRO · Adho Mukha Svanasana | 16

El perro haciendo pis · Eka Pada Adho Mukha Svanasana | 17

LA COBRA · Bhujangasana | 20

La cobra retorcida · Triyak Bhujangasana | 21

Postura de la serpiente · Nagasana | 21

LA PALOMA · Eka Pada Kapotasana | 24

LA MARIPOSA · Baddha Konasana | 28

Postura del bastón · Dandasana | 28

EL CAMELLO · Ustrasana | 32

Postura de rodillas · Vajrasana | 33

LA TORTUGA · Kurmasana | 36

EL LEÓN RUGIENTE · Simha Garjanasana | 40

EL CONEJO · Shashankasana | 44

El conejo de pie | 45

EL SALTAMONTES · Shalabhasana | 48

La respiración del globo | 48

EL PEZ · Matsyasana | 52

Postura del espagueti · Savasana | 53

EL COCODRILO · Makarasana | 56

EL ARCO IRIS

Ejercicios de relajación | 58

¡Namasté, padres! | 60

Algunos consejos prácticos | 61

SOBRE LA AUTORA

LEILA KADRI OOSTENDORP nació en Brasil y vive en Múnich con sus dos hijos. Se la considera una de las profesoras de yoga para niños más prestigiosas e influyentes. Tanto en sus cursos de capacitación y de formación avanzada para profesores de yoga para niños como en los talleres para educadores y maestros pone en práctica todos los conocimientos adquiridos durante largos años de experiencia en este campo. Leila ofrece cursos en alemán, inglés, portugués y español.

En sus clases de yoga crea un ambiente cálido, acogedor y dinámico que favorece la creatividad y la sensibilidad y, sobre todo, fomenta el desarrollo personal y la autoconciencia de los participantes. Su pasión y su entusiasmo consiguen que tanto los padres como sus hijos desarrollen un amor imperecedero por el yoga. Se entrega con sinceridad y de todo corazón a su propósito, que no es otro que llevar el yoga a todos los niños del mundo.

Para más información, visita www.kinderyogawelt.de
(en alemán).

AVISO DE SEGURIDAD

La información, las prácticas y las posturas que se ofrecen en este libro no pretenden suplir el asesoramiento médico ni reemplazar al tratamiento de ninguna dolencia o enfermedad que pueda requerir atención médica. En caso de duda, consulta con un instructor de yoga y/o un profesional de la salud. Tanto la autora como los editores declinan expresamente cualquier responsabilidad ante lesiones que pudieran producirse como resultado del seguimiento de cualquiera de las prácticas recomendadas en esta obra.

Título original: *Animal Asanas: Yoga for Children*
Texto de Leila Kadri Oostendrop e ilustracions de Elsa Mroziewicz
© 2017 Prestel Verlag, una división del grupo
Random House GmbH, Múnich, Alemania
Publicado por acuerdo con la agencia literaria
Ute Körner, Barcelona
© de la traducción, Diego Merino, 2019
© Ediciones Koan, s.l., 2019
c/ Mar Tirrena, 5, 08912 Badalona
www.koanlibros.com • info@koanlibros.com
Todos los derechos reservados
ISBN: 978-84-120537-0-8 • Depósito legal: B-9.833-2019
Maquetación y adaptación de cubierta: Cuqui Puig
Impresión y encuadernación: Gráficas 94
Impreso en España / *Printed in Spain*